Georgenes Medeiros

Segredos Revelados
Como ter sucesso no Tiktok

Primeira Edição

1

Edição
PORTUGUÊS

Segredos Revelados

Como ter sucesso no Tiktok

Georgenes Medeiros - Primeira Edição

1- Primeiro, entenda pelo que o tiktok paga:

2- Exemplo de um conteúdo monetizado aparecendo:

3- Agora como eu monetizo sem aparecer:

4- Onde encontro os vídeos pra postar:

5- Meus segredos revelados:

Sobre o editor

Georgenes Medeiros é Brasileiro, Formado em Administração de empresas pela Faculdade Estácio de Sá. Iniciou na área de pesquisas para edição tradução e publicação de conteúdos digitais em 2018. O editor utiliza inteligência artificial para estudos e edição de conteúdos digitais para diversas plataformas e redes sociais. Sem intenção de plagio ou copias de conteúdos originais.

A quem interessar fico a disposição para auxilio e trabalhos freelancer de obras digitais, quanto aos direito autorais da edição, fica registrado em órgãos competentes da região onde foi originado.

Sobre o conteúdo

Essa publicação mostra através de pesquisas e inteligência artificial as melhores técnicas e estratégias para que tenhamos sucesso rápido no tiktok, apesar de que essas ideias também servem para qualquer outra rede social. Claro que se usado com moderação e extrema responsabilidade dentro das diretrizes da comunidade.

Com estas informações privilegiadas, você estará à frente de qualquer pessoa que comece agora a monetizar.

1- Primeiro, entenda pelo que o tiktok paga:

Hoje em dia, o Tiktok possui um programa que permite monetizar vídeos com duração superior a 1 minuto. Porém, um aspecto pouco conhecido é que é possível participar desse processo de monetização sem que o proprietário da página precise aparecer nos vídeos.

Os pagamentos são calculados com base no número de visualizações. Ou seja, quanto mais visualizações um vídeo receber, maior será o pagamento. A seguir, apresento um exemplo dos valores que obtive em um vídeo na minha página, no qual não apareço:

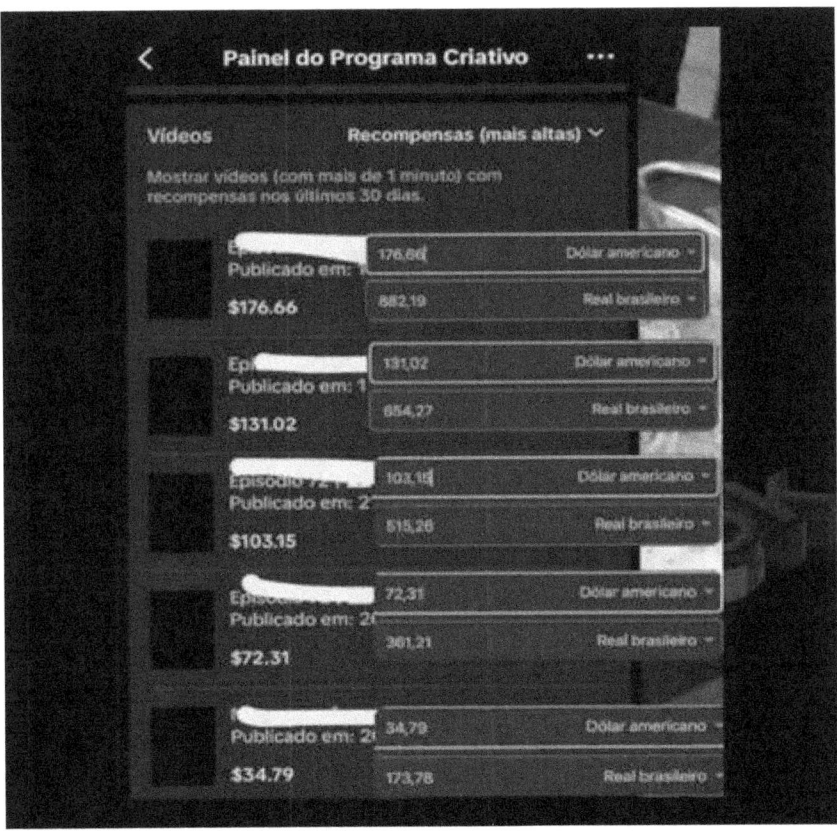

Outro exemplo é o tipo de conteúdo em que você narra histórias de outras pessoas. Essas histórias normalmente são compartilhadas por seguidores via Instagram ou Tiktok, ou até mesmo histórias que você cria ou observa outras pessoas contando, porém, você as relata como se tivessem ocorrido com você.

2- Exemplo de um conteúdo monetizado aparecendo:

"Olá, Bonjour! bem vindos ao fofocando com o Jhon". É um exemplo de conteúdo pra quem quer aparecer, que facilmente vai viralizar.

Uma estratégia interessante envolve a utilização de vídeos ou fotos associados a celebridades, empregando o efeito de "tela verde" para gravar seu próprio vídeo sobre essas imagens. É crucial destacar personalidades em destaque, aquelas que estão sendo amplamente discutidas, uma vez que indivíduos fora dos holofotes da mídia não geram tanto envolvimento, a menos que se trate de uma notícia momentânea.

Exemplo de um conteúdo monetizado aparecendo:

Histórias de outras pessoas, em essência, são relatos que seguidoras iniciam ao compartilhar através do Instagram ou Tiktok. São também histórias que você pode criar por conta própria ou presenciar outras pessoas contando, porém, ao relatar, você as apresenta como se tivessem ocorrido com você.

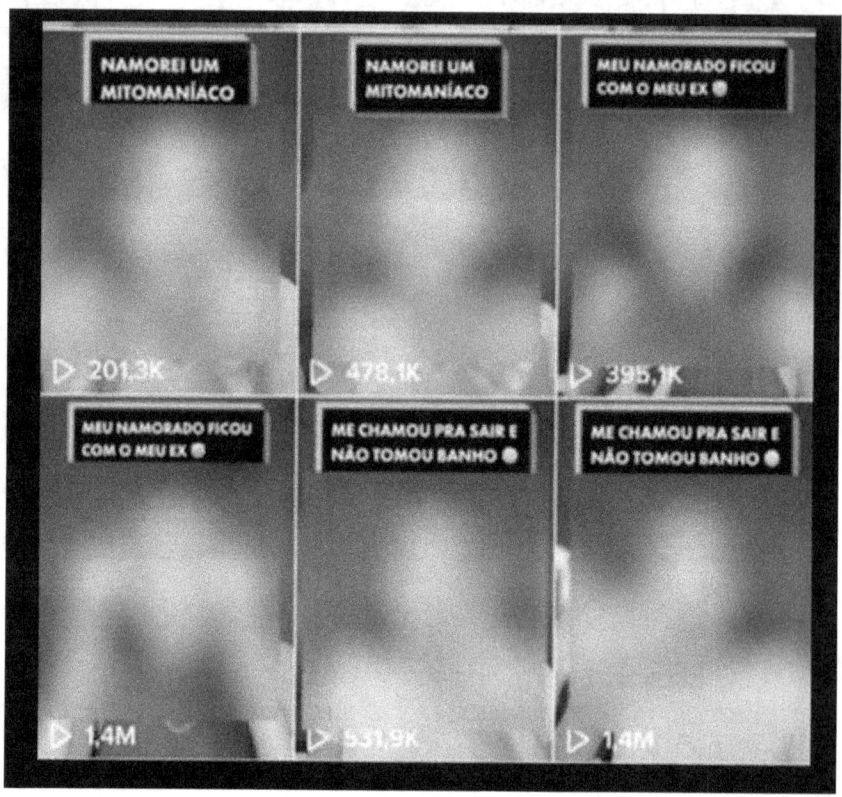

Algumas pessoas criam vídeos enquanto se maquiam ou se arrumam, adotando um estilo de narração como se estivessem contando a história a um amigo. Isso gera uma sensação de proximidade com os espectadores e tem um ótimo desempenho, sabia? Uma dica adicional: Se a história for extensa, ultrapassando 2 minutos, é possível dividi-la em duas partes, resultando em 2 vídeos sobre o mesmo assunto e, consequentemente, 2 oportunidades de monetização!

3- Agora como eu monetizo sem aparecer:

Um exemplo de conta em que o criador não se mostra é a conta de fofocas. Nesse contexto, o indivíduo seleciona vídeos de fofocas, temas populares, cenas de novelas, notícias e vídeos engraçados. Ele realiza edições nos vídeos, cortando-os de maneira a evitar que sejam idênticos a outros já publicados (esse cuidado garante a originalidade). Posteriormente, o criador acrescenta sua própria legenda e compartilha o conteúdo na página.

Em outras palavras, é possível compartilhar vídeos nos quais você não aparece, mas é necessário fazer pequenas alterações para evitar duplicações de conteúdo na plataforma. Sempre inclua legendas, faça cortes nos vídeos originais, ajuste a iluminação da imagem ou aplique zoom.

Uma dica crucial é evitar contas que estejam inativas há muito tempo ou que possuam vídeos com baixo engajamento. É mais vantajoso criar uma nova conta e começar corretamente desde o princípio.

Após criar a conta, selecione o tipo de conteúdo que você pretende publicar. Logo abaixo, fornecerei algumas ideias já usadas por contas que monetizam na plataforma.

(Vale ressaltar que não é eficaz desviar-se do seu nicho, postando diversos tipos de conteúdo. Isso ocorre porque, inicialmente, o Tiktok exibe seu vídeo para seus seguidores a fim de avaliar a relevância do conteúdo. Com base em suas reações, o aplicativo amplia a divulgação para mais pessoas na seção "Para Você".

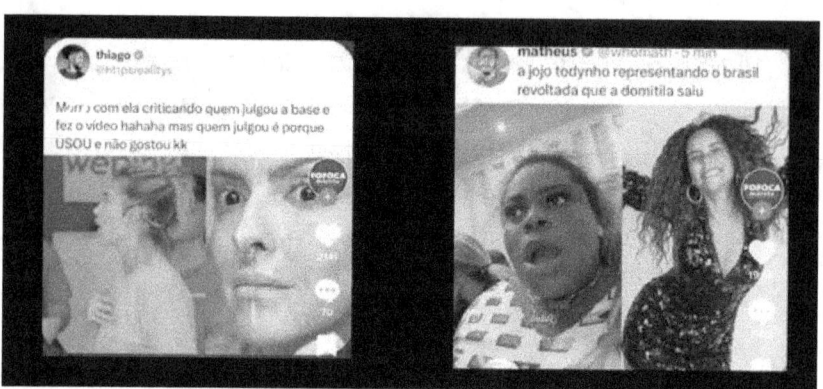

Se seus seguidores não demonstrarem interesse pelo novo tipo de conteúdo, eles poderão ignorar seus vídeos, tornando-os irrelevantes para o algoritmo do Tiktok.).

Vou apresentar os passos que você pode seguir para alcançar rapidamente a viralização no aplicativo e atingir a meta de 10 mil seguidores para se qualificar para a monetização. Considerando que você escolheu criar uma página de fofocas:

1. **Defina seu Nicho com Clareza:** Certifique-se de que seu nicho, no caso fofocas, esteja bem definido. Isso ajudará a atrair um público específico e a construir uma comunidade engajada.

2. **Conteúdo Relevante e Atual:** Publique conteúdo relevante e atualizado. Fique por dentro das últimas notícias e tendências do mundo das fofocas para oferecer informações frescas ao seu público.

3. **Seja Criativo nas Legendas:** As legendas são cruciais para chamar a atenção. Seja criativo, use emojis e frases que instiguem a curiosidade.

4. **Edição Atrativa:** Edite seus vídeos de forma atraente. Adicione cortes, zooms e efeitos visuais para manter o interesse do público.

5. **Consistência:** Publique regularmente para manter seu público envolvido. A frequência constante ajuda a manter sua presença na mente dos seguidores.

6. **Uso Inteligente de Hashtags:** Utilize hashtags relevantes e populares relacionadas ao seu nicho. Isso aumenta a visibilidade dos seus vídeos para quem busca por esse tipo de conteúdo.

7. **Colaborações e Duets:** Colabore com outros criadores ou participe de duetos com vídeos populares do mesmo nicho. Isso pode expandir seu alcance para as redes de outros usuários.

8. **Interaja com os Seguidores:** Responda a comentários e mensagens dos seus seguidores. Isso cria um senso de comunidade e aumenta a fidelização.

9. **Tendências e Desafios:** Participe de desafios e acompanhe as tendências. Isso coloca seus vídeos em destaque e atrai mais visualizações.

10. **Promoção em Outras Redes Sociais:** Compartilhe seus vídeos no Instagram, Twitter e outras redes sociais para atrair seguidores de diferentes plataformas.

11. **Engajamento Ativo:** Incentive os espectadores a curtir, comentar e compartilhar seus vídeos. O engajamento ativo ajuda a aumentar a visibilidade no feed "Para Você".

12. **Análise e Ajustes:** Analise os dados do aplicativo para entender quais tipos de vídeos têm melhor desempenho. Ajuste sua estratégia com base nesses insights.

Seguindo esses passos, você estará mais preparado para alcançar uma rápida viralização e atingir a meta de 10 mil seguidores para se qualificar para a monetização em sua página de fofocas.

Certamente, algumas estratégia pode ser eficaz para impulsionar seu crescimento e atingir a meta de 10 mil seguidores para se qualificar para a monetização. Aqui estão os passos mais detalhados de uma boa estratégia:

1. **Pesquisa de Vídeo Viral ou Polêmico:** Comece procurando um vídeo que já tenha viralizado na plataforma ou um vídeo controverso envolvendo uma personalidade em alta na mídia.

2. **Postagem do Vídeo Escolhido:** Após escolher o vídeo, faça a postagem em sua própria página.

3. **Seguindo os Seguidores da Personalidade:** Acesse o perfil da pessoa envolvida no vídeo (por exemplo, Viih Tube) e comece a seguir os seguidores dela.

4. **Crescimento Gradual:** É importante seguir os seguidores gradualmente, para que sua conta não seja marcada como spam ou tenha ações restritas pelo Tiktok.

5. **Aguardar o Crescimento Natural:** Deixe o crescimento acontecer naturalmente. Se sua conta alcançar a meta em um curto período (7 dias ou menos), aguarde cerca de 2 dias antes de solicitar a monetização.

6. **Escolha do Nicho:** Você mencionou que nichos como fofoca e páginas relacionadas a personalidades em destaque têm maior potencial de monetização.

Lembre-se de que, embora essa estratégia possa impulsionar seu crescimento inicial, é fundamental continuar oferecendo conteúdo de qualidade e manter seu público engajado para garantir um crescimento sustentável e manter a monetização a longo prazo.

Exemplo de conteúdo de uma conta de fã:

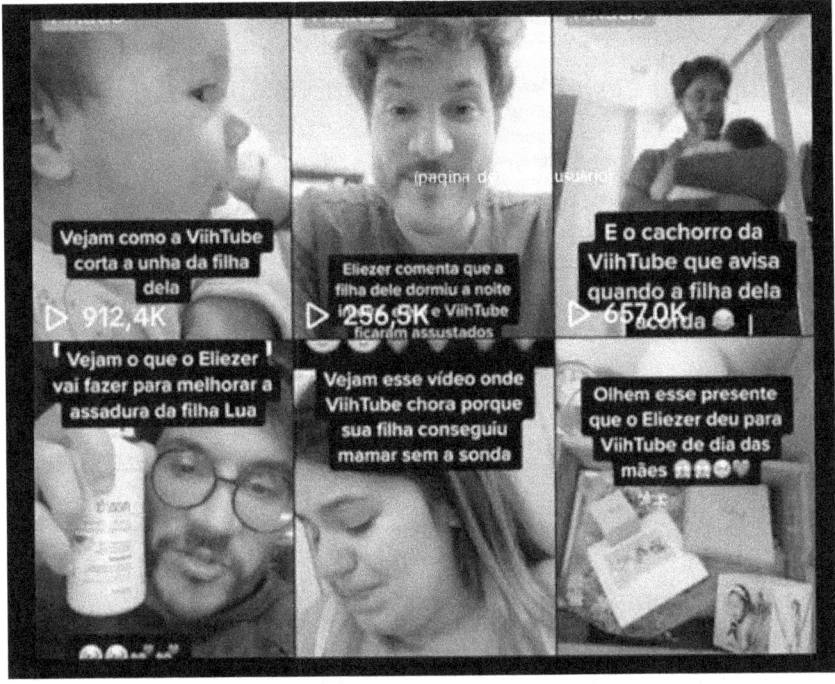

4- Onde encontro os vídeos pra postar:

Muitos destes vídeos eu gravo do YouTube, dos stories da pessoa, do Twitter e até mesmo do próprio TikTok. É importante lembrar novamente que não é apropriado apenas pegar o vídeo que já foi postado e compartilhá-lo; é necessário fazer edições para que o vídeo seja único para o algoritmo. Além disso, é crucial evitar a presença de qualquer marca d'água de sites ou contas em seus vídeos.

Ao baixar vídeos do Tiktok, copio o link do vídeo e utilizo o site htttps://ssstik.io/pt para baixá-lo, garantindo que não haja a marca d'água do Tiktok.

Uma prática que emprego em todos os vídeos é o uso de áudios patrocinados (identificados por um símbolo azul) ou áudios populares (com muitas utilizações).

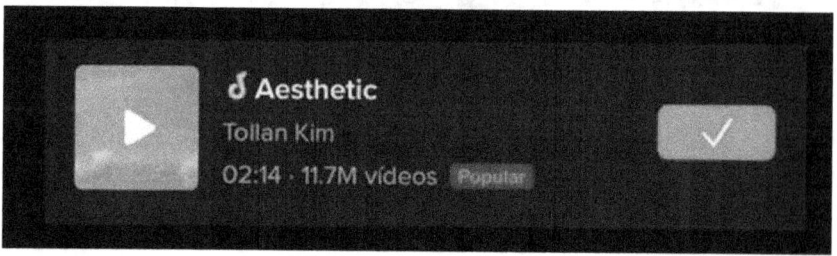

Vídeos que contêm apenas áudio próprio geralmente têm uma distribuição menor, especialmente se você ainda não tem muitos seguidores.

Para encontrar áudios populares, pesquise por "mais popular". Caso não queira que o áudio seja proeminente, é possível ajustar o volume para 1%. Há uma variedade de nichos disponíveis para escolher, opte pelo que mais se identifica com você:

- Vídeos motivacionais
- Conteúdo relacionado à lei da atração
- Vídeos sobre signos astrológicos
- A opção mais comum é criar uma Página de Fãs - geralmente utilizando pessoas em destaque, como Virginia, Mirella Santos, Pastora Camila Barros, cantores famosos, atrizes, MCs e artistas internacionais.

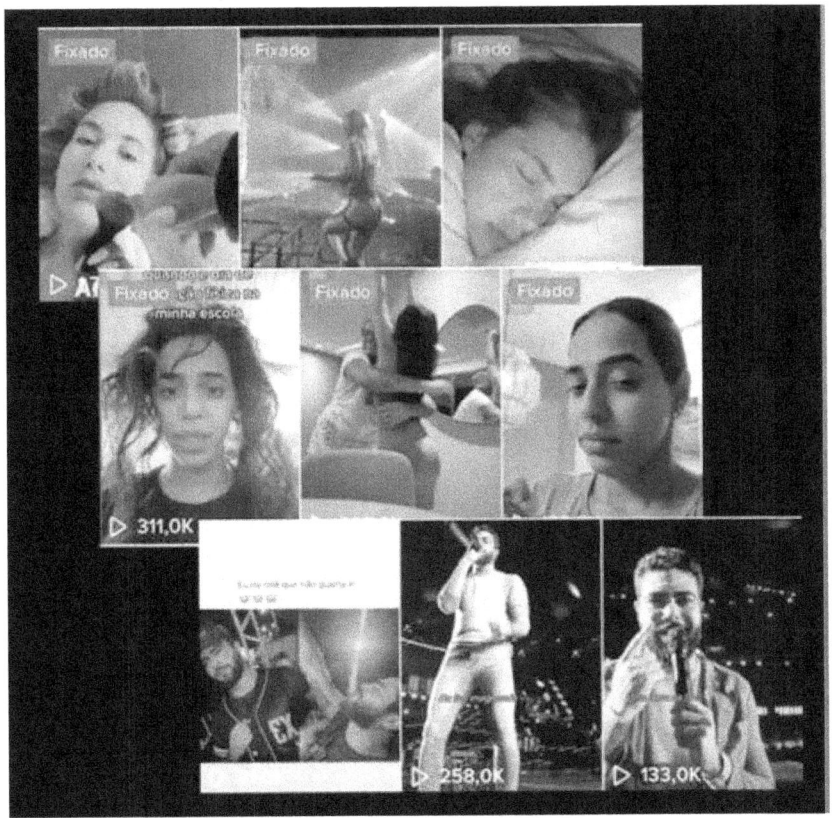

Vou te dar mais alguns exemplos de conteúdos que já foram postados em páginas monetizadas:

Considerando o conteúdo desse pastor, a página evoluiu para uma abordagem motivacional com foco em fãs. Opte por vídeos do Instagram e faça alterações substanciais, como mudanças de cor, imagem, legendas e adição de música usando o CapCut.

Lembre-se de cortar partes do vídeo para evitar que ele seja considerado não original, já que alguém poderia ter postado algo igual.

Não é necessário incluir informações pessoais na sua nova conta. Apenas a data de nascimento precisa estar correta, pois o Tiktok verificará essa informação no momento do pagamento. Caso a data esteja incorreta, utilize a opção "Relatar Problema" para explicar o equívoco e fornecer a data correta.

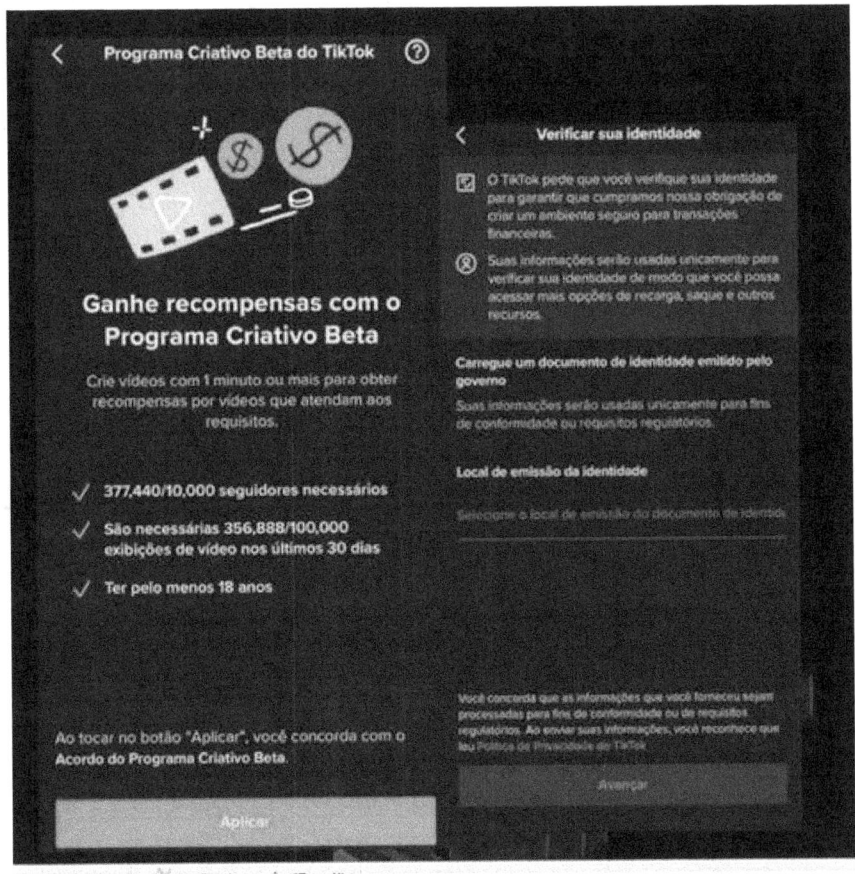

Esse é o resultado em dólares que ganhei 30 dias após ter começado minha conta, meu primeiro vídeo viralizado foi com mais ou menos 15 dias.

Neste mês, mantive a mesma abordagem de edição em todos os vídeos, publicando quatro vídeos diariamente. No conteúdo extra em vídeo, mostrei detalhadamente minha forma de edição para os vídeos da minha página de fãs, bem como as legendas que sempre escrevo. Essas legendas estimulam as pessoas a comentar, assistir o vídeo completo e compartilhá-lo. Essa abordagem tem garantido que todos os meus vídeos alcancem pelo menos 10 mil visualizações. Meu vídeo de maior sucesso ultrapassou os 2 milhões de visualizações, gerando uma receita de aproximadamente 800 reais no fechamento do mês.

Importante notar que essa receita continua a aumentar após o fechamento, enquanto o vídeo permanecer em exibição na página.

Para complementar, assistir ao conteúdo de outros criadores pode fornecer inspiração. Pesquise contas dentro do nicho que mais lhe interessa e compartilhe aquilo com que as pessoas possam se identificar.

Responder aos comentários dos espectadores com outras perguntas é uma ótima maneira de aumentar a interação e o engajamento.

No início, analisar vídeos que já viralizaram e adaptá-los com suas próprias edições e legendas é uma estratégia eficaz. Geralmente, isso leva a novas viralizações.

É essencial ler e aplicar todas essas dicas com atenção. Postar vídeos de forma consistente, preferencialmente pelo menos três por dia, e monitorar o progresso da sua conta é fundamental. Aproveite o momento de viralização para postar ainda mais conteúdo.

Por fim, não desista antes de encontrar o nicho adequado para você. Pode não ser o primeiro, mas ao entrar na monetização, você perceberá o quão simples e gratificante esse processo pode ser. Boa sorte! Comecem a aplicar essas dicas agora, pois não sabemos até quando o Tiktok manterá esse programa.

5- Meus segredos revelados:

Use com moderação e com muita responsabilidade.

Aqui você tem 500 visualizações gratuitas por vídeo, e outros serviços pagos:
https://darksidepanel.com/ref/zciyi

Aqui você consegue 1000 visualizações por vídeo, alem de likes, comentários, compartilhamentos e outros:
https://zefoy.com/

Amigos, 100 seguidores grátis por dia. Vamos la..
https://allsmo.net/#

Aqui, você tem todos os serviços gratuitos, 1000 views, comentários, likes e muito mais.
https://freer.es/#gsc.tab=0
https://freer.in/#gsc.tab=0

Aqui você consegue 200 views gratuitos:
https://fireliker.com/

Aqui você consegue 2000 views gratuitos:
https://tokviews.com/service-category/buy-views/

Aqui Você consegue gratuitamente: Seguidores, likes e Views, comentários, e ainda ganha dinheiro:
Registre-se agora: https://everve.net/ref/1397158/

Aqui você tem Seguidores gratuitos, Likes e Views e outros:
Registre-se agora: https://amf.ac/?A8HLKJGN

Aqui você tem Likes e Views gratuitos:
Registre-se   agora:
https://www.linkcollider.com/page/register?r=474784&aff=1

Aqui você tem Seguidores, Likes e Views:
Registre-se: https://likesjet.com/register?referrer_id=161969

Aqui você tem Seguidores, Likes e Views
veja agora: https://mytoolstown.com/tiktok/tiktok-video-views/free-views

Aqui você pode ser convidado para alguns desafios pagos mesmo sem ter 10.000 seguidores – https://creator.sound.me/creator/

BRINDE: FERRAMENTAS PARA FACEBOOK:
https://buy.fans/auth/register?ref=543

IMPORTANTE:

Caso use vídeos de outros canais, remova os metadados, e baixe um vídeo limpo sem informações de rastreio, assim você terá um conteúdo 100% original: https://www.adarsus.com/en/remove-metadata-online-document-image-video/

1- Vai atrás de quem visualizou sua pagina, procure o ultimo vídeo, curta, e de um like, comente e; em todos os comentários que estiver nesse vídeo, curta o Maximo que puder, pois você vai despertar a curiosidade em quem deixou o comentário. Experimente a mágica!!

2- Por fim, use as ferramentas com moderação e evite adicionar muita gente em troca de inscritos.

Agora, mais do que nunca, o Tiktok está oferecendo oportunidades incríveis de monetização. Diferente do YouTube, aqui você pode começar a ganhar dinheiro muito mais rápido! Ainda não tem conta no tiktok??

Cadastre aqui: https://www.tiktok.com/
Use meu código: J1896767028

Não esqueça de me seguir: https://www.tiktok.com/@cosplaygirl_brasil

Fonte de pesquisa:
Como Lucrar com a monetização do tiktok sem aparecer
Por Tamires

Segredos Revelados - Como ter sucesso no Tiktok

Editor: Georgenes Medeiros
Direitos autorais © 2024